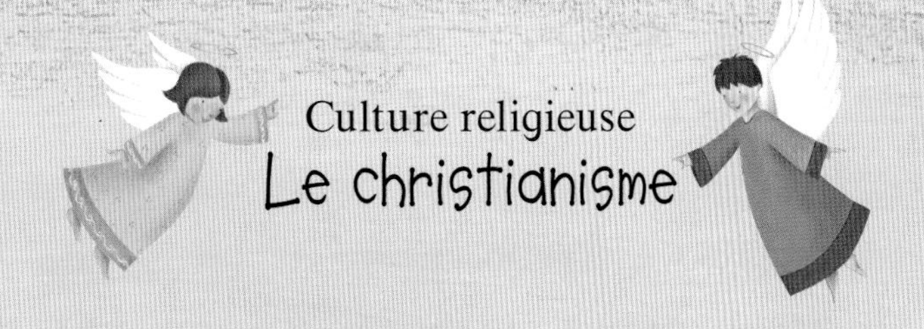

L'arche de Noé
et autres histoires

Éditions
SCHOLASTIC

Catalogage avant publication de Bibliothèque et Archives Canada

Ganeri, Anita, 1961-
Le christianisme : l'arche de Noé et autres histoires / Anita Ganeri ;
illustrations de Lucy Barnard ; texte français de Claudine Azoulay.

(Culture religieuse)
Traduction de: Noah and the ark and other stories.
Niveau d'intérêt selon l'âge: Pour les 6-9 ans.

ISBN 978-0-545-98106-4

1. Récits bibliques--Ouvrages pour la jeunesse. I. Barnard, Lucy
II. Azoulay, Claudine III. Titre. IV. Titre: Arche de Noé et autres
histoires. V. Collection: Culture religieuse (Toronto, Ont.)

BS551.3.G3614 2009 j220.9'505 C2009-900569-7

Édition publiée par les Éditions Scholastic,
604, rue King Ouest, Toronto (Ontario) M5V 1E1.

5 4 3 2 1 Imprimé en Chine 09 10 11 12 13

Texte : Anita Ganeri
Illustrations : Lucy Barnard
Conception graphique : East River Partnership
Directrice artistique : Zeta Davies

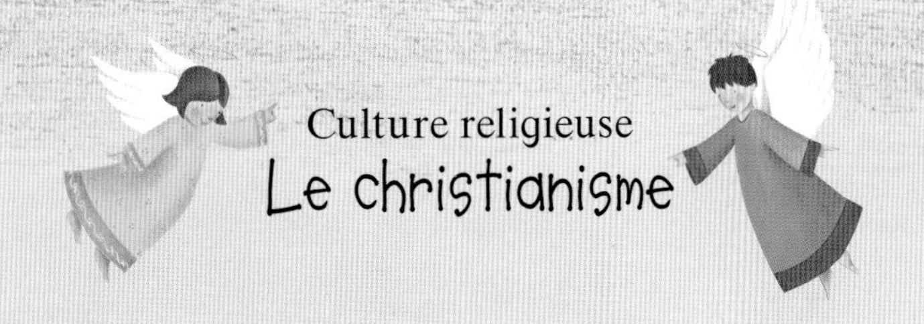

L'arche de Noé
et autres histoires

Anita Ganeri
Illustrations de Lucy Barnard
Texte français de Claudine Azoulay

Éditions
SCHOLASTIC

L'arche de Noé

Il était une fois un homme appelé Noé. Noé était bon et il aimait Dieu. Il était toujours prêt à faire ce que Dieu lui demandait.

Mais il y avait aussi beaucoup de gens méchants sur Terre. Dieu était triste de voir que le monde n'était plus un endroit où il faisait bon vivre.

Dieu décida de provoquer une énorme inondation pour laver la Terre de toute cette méchanceté. Il dit à Noé de construire un grand bateau de bois, appelé une arche. Dans ce bateau, Noé et sa famille seraient hors de tout danger.

Noé et les siens travaillèrent très fort pour construire l'arche.

Cela prit des années et des années avant que l'arche soit enfin terminée.

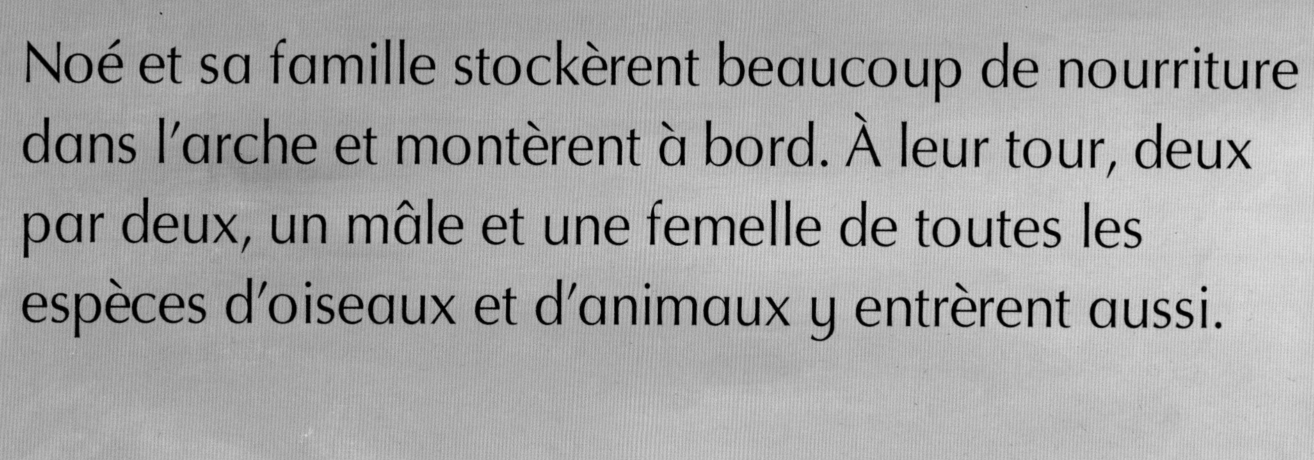

Noé et sa famille stockèrent beaucoup de nourriture dans l'arche et montèrent à bord. À leur tour, deux par deux, un mâle et une femelle de toutes les espèces d'oiseaux et d'animaux y entrèrent aussi.

Dieu provoqua un terrible orage. Il plut sans arrêt pendant quarante jours et quarante nuits. Le monde entier fut inondé.

Quand la pluie cessa de tomber, Noé fit s'envoler une colombe. La colombe revint avec une feuille; alors Noé sut que la terre ferme était proche.

L'arche toucha bientôt terre, et Noé et tous les animaux en sortirent. Puis Dieu envoya un magnifique arc-en-ciel et la vie reprit son cours.

La naissance de Jésus

Il y a longtemps, une femme prénommée Marie vivait dans la ville de Nazareth. Un jour, un ange lui dit que Dieu l'avait choisie pour donner naissance à un bébé spécial.

Un empereur puissant régnait sur le pays. L'empereur ordonna à tous les habitants de retourner dans leur village natal, car il voulait les compter.

Marie et son époux, Joseph,
devaient donc se rendre à Bethléem,
la ville natale de Joseph.

Le voyage fut long et
difficile. Marie voyagea
à dos d'âne.

La ville grouillait de gens, et Marie et Joseph ne trouvèrent pour tout endroit où loger qu'une petite étable.

Plus tard, cette nuit-là, le fils de Marie naquit dans l'étable. Elle le prénomma Jésus. Elle l'enveloppa dans une couverture et le coucha sur un lit de paille moelleuse.

Sur une colline voisine, des bergers gardaient leurs moutons. C'est alors qu'un ange leur apparut et leur dit qu'un bébé nommé Jésus était né et qu'il avait été envoyé par Dieu.

Aussitôt, les bergers se précipitèrent à Bethléem. Ils avaient apporté un tout petit agneau en cadeau. Ils trouvèrent Marie, Joseph et Jésus dans l'étable.

Trois sages se rendirent à l'étable en suivant une étoile. Ils offrirent à Jésus de l'or, de l'encens et de la myrrhe. Ils savaient que ce nouveau-né deviendrait une personne très importante.

Les amis de Jésus

Un jour, Jésus se promenait au bord d'un grand lac lorsqu'il vit un bateau de pêcheurs sur la rive. Il s'arrêta pour parler aux pêcheurs.

Ceux-ci étaient en train de raccommoder leurs filets. C'était un travail difficile qui faisait mal aux doigts. Ils étaient ravis de s'arrêter un peu pour se reposer.

Les pêcheurs s'appelaient Simon et André. Ils avaient pêché toute la nuit, dirent-ils à Jésus, mais ils n'avaient pas pris un seul poisson.

Jésus leur dit de retourner pêcher au milieu du lac. Les deux hommes ne croyaient pas que ce serait très utile, mais ils firent ce que Jésus leur demandait.

Simon et André lancèrent leurs filets à l'eau. Et à leur grande surprise, les filets se remplirent bientôt de centaines de poissons!

L'un des filets était tellement lourd que les pêcheurs furent incapables de le remonter sur le bateau. Ils n'avaient jamais pris autant de poissons!

Jésus attendit que les pêcheurs reviennent sur la rive. Il leur demanda de le suivre afin de l'aider à parler de Dieu aux gens.

Les pêcheurs abandonnèrent alors leur bateau et leurs filets et ils partirent avec Jésus. Ils devinrent ses assistants particuliers et ses amis. Ils l'aidèrent à répandre son message à propos de Dieu.

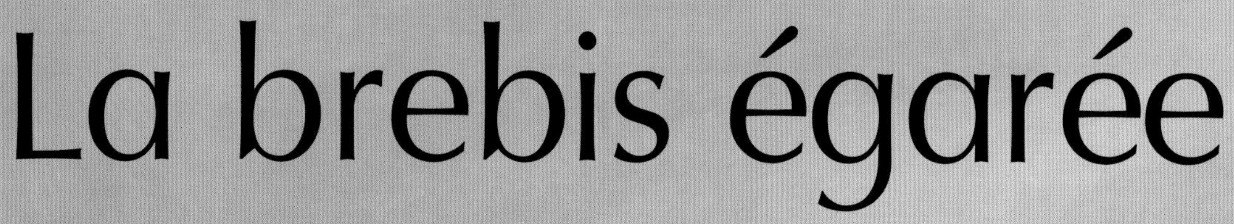

La brebis égarée

Jésus racontait souvent des histoires aux gens pour leur faire connaître Dieu. Un jour, il raconta à ses amis l'histoire d'une petite brebis égarée.

Il était une fois un berger qui avait un troupeau de cent moutons. Il les gardait et les protégeait des bêtes sauvages.

Une nuit, le berger rentra ses moutons. Il les compta à mesure qu'ils franchissaient la barrière.
Un, deux, trois... quatre-vingt-dix-huit, quatre-vingt-dix-neuf...

Il manquait une brebis! Où était-elle partie? Le berger était très inquiet. Il partit à la recherche de la brebis égarée.

Le berger chercha partout, mais il ne retrouva pas sa brebis. Il commença bientôt à faire nuit et il était difficile de voir dans l'obscurité.

À ce moment-là, le berger
entendit un bruit. *Bêê, bêê, bêê!*
C'était le bêlement de sa brebis.
Elle s'était accrochée à un buisson
plein d'épines.

Le berger était si content de retrouver sa brebis qu'il la porta jusque dans l'enclos. Puis il célébra le retour de sa bête.

Jésus dit aux gens que le berger de l'histoire ressemblait à Dieu. Dieu aime et protège tout le monde. Tout un chacun est important pour Dieu.

Notes aux parents et aux enseignants

À propos du christianisme

La religion chrétienne a vu le jour, il y a environ 2000 ans, au Moyen-Orient. Les chrétiens croient en un seul Dieu qui a créé le monde et en prend soin. Ils suivent les enseignements de Jésus, un être à la fois totalement divin et totalement humain. Il est connu comme le « Christ », ce qui signifie élu de Dieu. Les chrétiens croient que Jésus est le fils de Dieu envoyé sur la Terre pour sauver les humains de leurs péchés. Durant sa vie sur Terre, Jésus a enseigné l'amour de Dieu envers les humains et leur a montré comment vivre selon la volonté de Dieu. Les chrétiens croient aussi que Jésus est mort crucifié mais que, trois jours plus tard, il est revenu à la vie, ce qu'on appelle la Résurrection. Pour les chrétiens, c'est la preuve que la mort n'est pas la fin, mais le commencement d'une nouvelle vie avec Dieu.

À propos des histoires racontées dans ce livre

Dans toutes les religions du monde, les histoires jouent un rôle primordial. Depuis des siècles, on s'en est servi pour enseigner aux gens, d'une manière simple, leur religion, facilitant ainsi la compréhension d'idées et de notions complexes. Pour les enfants vivant dans la société multiculturelle d'aujourd'hui, ces histoires offrent aussi une introduction parfaite à différentes religions, ainsi qu'à leurs croyances et personnages principaux.

L'arche de Noé

L'histoire de l'arche de Noé figure dans la Bible (Genèse 6-9). Elle aborde de nombreux thèmes, dont l'obéissance et l'engagement. Dieu confie à Noé la construction de l'arche. Malgré ses craintes, Noé n'hésite pas à obéir à Dieu et à lui accorder sa confiance et sa foi. À la fin de l'histoire, Dieu envoie un arc-en-ciel pour témoigner de la promesse qu'il avait faite à Noé de ne plus jamais inonder la Terre. L'histoire aborde également des thèmes plus délicats, notamment celui du recours aux catastrophes par Dieu pour punir les gens.

La naissance de Jésus

L'histoire de la naissance de Jésus paraît dans la Bible (Mathieu 1-2; Luc 2). Chaque année, les chrétiens commémorent cet heureux moment à l'occasion de la fête de Noël. On ne sait pas exactement quand Jésus est né. De nombreux chrétiens fêtent Noël le jour du 25 décembre, alors que beaucoup de chrétiens orthodoxes fêtent Noël le 7 janvier. Cette célébration comprend des échanges de cadeaux et de cartes de souhaits, le partage d'un repas et la participation à un service religieux. La messe de minuit, qui célèbre la naissance de Jésus dans la nuit du 24 au 25 décembre, est particulièrement importante pour les catholiques.

Les amis de Jésus

Cette histoire paraît dans la Bible (Mathieu 4; Marc 1; Luc 5). Elle raconte comment Jésus choisit ses premiers disciples, ses amis les plus proches et ses fidèles. Ce sont des pêcheurs qui prennent le risque d'abandonner leur gagne-pain pour suivre Jésus et devenir ainsi des « prêcheurs ». Jésus les avertit qu'il s'agira d'un engagement important pour eux et qu'ils risquent de devoir affronter les critiques et même la persécution, mais que Dieu leur apportera son soutien. Le mot « disciple » signifie « élève ».

La brebis égarée

Cette histoire paraît dans la Bible (Luc 15; Mathieu 18). Les chrétiens croient que Jésus l'a racontée pour essayer d'aider les gens à mieux comprendre le rôle de Dieu. Il voulait montrer que Dieu aime tout le monde et se soucie de tous les humains, même de ceux qui sont perdus ou malheureux. Dans l'histoire, la brebis s'est perdue parce qu'elle s'est éloignée du troupeau. De la même manière, les gens peuvent se sentir perdus s'ils s'éloignent de Dieu. Dieu est content même si une seule personne revient vers lui, comme le berger s'est réjoui quand la brebis égarée est revenue, même s'il avait 99 autres moutons.

Suggestions d'activités

- Lisez les histoires aux enfants, puis discutez-en avec eux. Posez-leur des questions pour savoir ce que signifient ces histoires selon eux. Par exemple, pourquoi Dieu a-t-il choisi Noé pour construire l'arche? Qu'a ressenti Noé à l'égard de ce choix?
- Faites un rapprochement entre les histoires et les expériences vécues des enfants. Par exemple, comparez la naissance de Jésus à celle d'un bébé dans leur famille, ou bien faites des liens avec l'histoire *Les amis de Jésus* et la façon dont les enfants se sont eux-mêmes liés d'amitié avec certaines personnes.
- Ayez recours à diverses méthodes pour raconter les histoires. Les enfants peuvent interpréter les histoires et confectionner des masques et des déguisements pour leurs personnages. Vous pouvez aussi fabriquer des marionnettes à doigts en feutre ou en papier.
- Décorez la classe ou la maison pour Noël. Encouragez les enfants à fabriquer eux-mêmes leurs cartes de Noël. Abordez la signification des objets particuliers qu'ils voient à Noël, par exemple, la crèche dans une église. Prolongez cette activité en faisant des recherches sur d'autres fêtes chrétiennes et les histoires qui y sont associées.